piano • vocal • guitar

OWL CITY
ocean eyes

cave in
2

the bird and the worm
11

hello seattle
18

umbrella beach
22

the saltwater room
29

dental care
36

meteor shower
43

on the wing
47

fireflies
57

the tip of the iceberg
65

vanilla twilight
72

tidal wave
81

ISBN 978-1-4234-9001-2

HAL•LEONARD®
CORPORATION

7777 W. BLUEMOUND RD. P.O. BOX 13819 MILWAUKEE, WI 53213

Visit Hal Leonard Online at
www.halleonard.com

CAVE IN

Words and Music by
ADAM YOUNG

* *Recorded a half step lower.*

Da, da, da, da, __ da, da, da, da, da, da. __

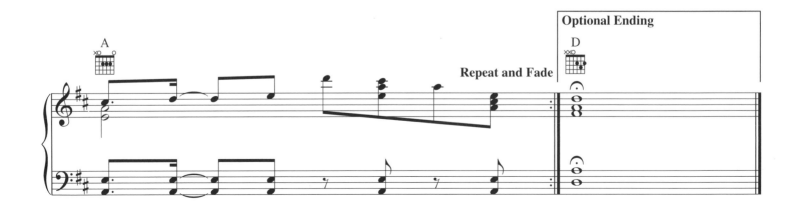

THE BIRD AND THE WORM

Words and Music by ADAM YOUNG
and MATT THEISSEN

Moderately fast

If you're the bird _____ when-ev-er we pre-tend _____
I'm your boy, _____ let's take a short cut we _____

_____ it's sum-mer, then I'm the worm, _____
_____ re-mem-ber and we'll en-joy _____

I know the part, it's such a bum-mer but fair _____ is
pick-ing ap-ples in such late Sep-tem-ber but like we've done is for

Recorded a half step lower.

HELLO SEATTLE

Words and Music by
ADAM YOUNG

19

UMBRELLA BEACH

Words and Music by
ADAM YOUNG

Moderately fast Dance groove

Stems and gears, oh how the dais - ies ____ bloom when chan - del - iers light up the en - gine room. ____

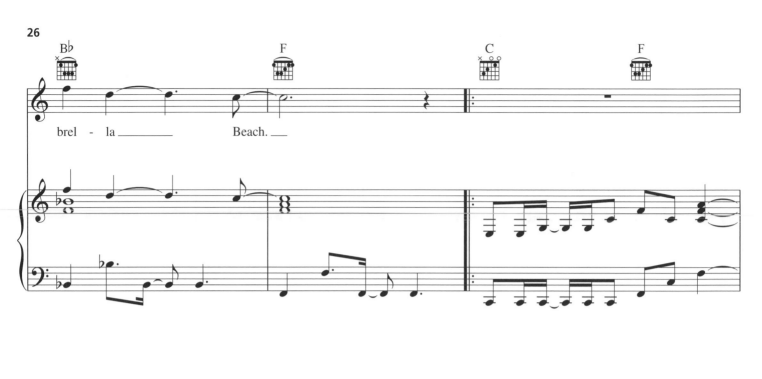

brel - la _____ Beach. ___

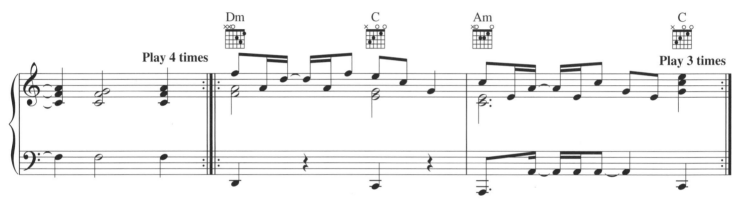

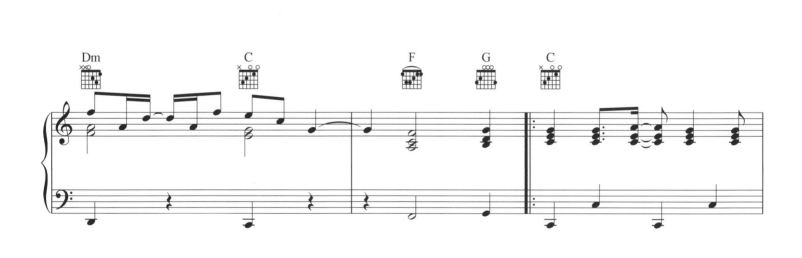

out of reach, ___ hid - den un - - der Um -

brel - la ___ Beach. __

THE SALTWATER ROOM

Words and Music by
ADAM YOUNG

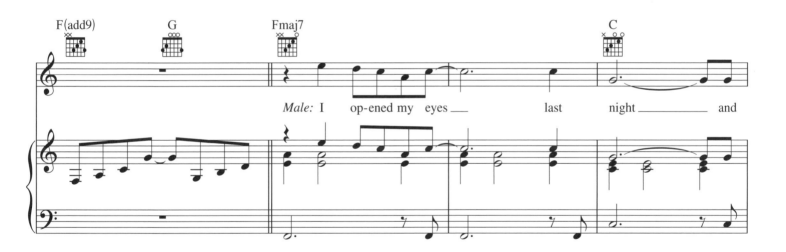

Male: I op-ened my eyes ___ last night ___ and

saw you in the low light, walk-ing down by the bay, ___ on the shore,

DENTAL CARE

Words and Music by
ADAM YOUNG

___ my hair, sit back in the chair, but some - how I still get the chills. ___

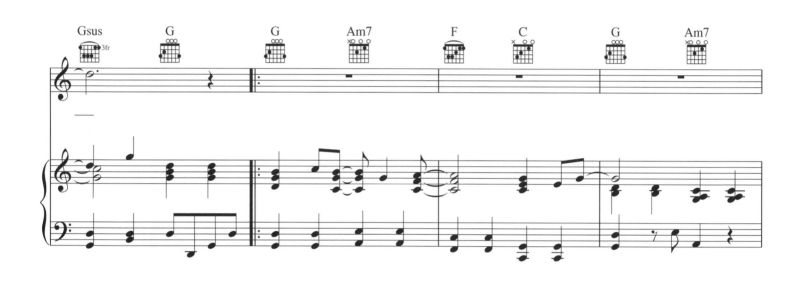

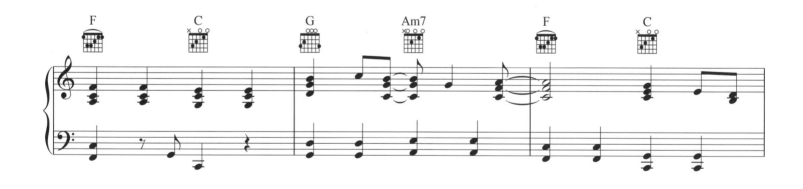

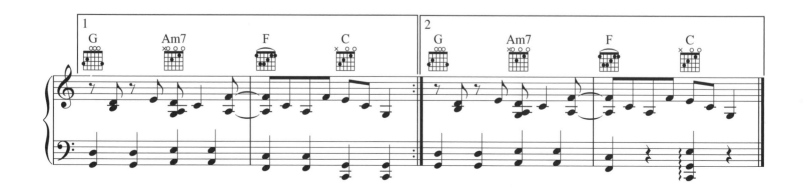

METEOR SHOWER

Words and Music by
ADAM YOUNG

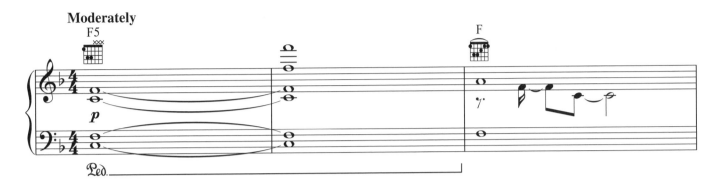

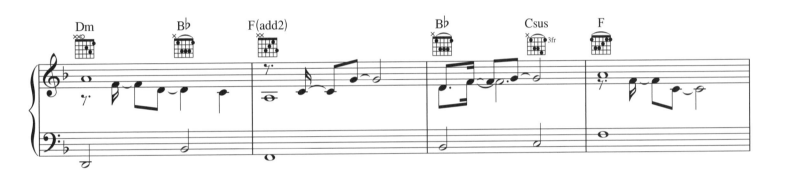

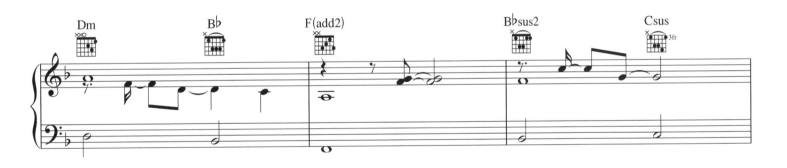

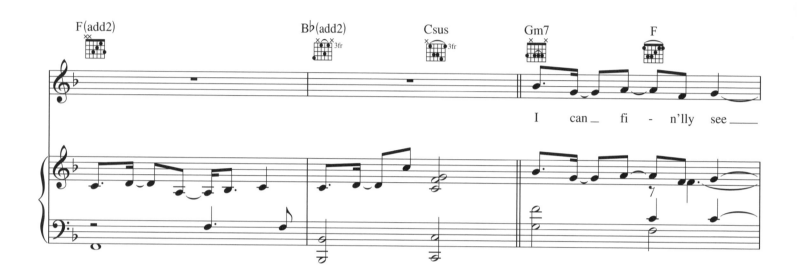

I can fi - n'lly see

that You're right there be - side me.

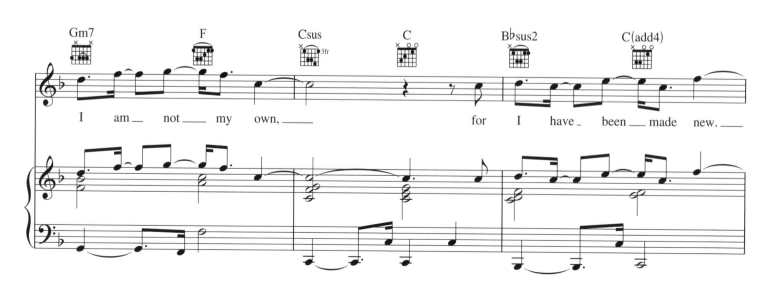

I am not my own, for I have been made new.

Please don't__ let__ me go;____ I

des-p'rate - ly need You.____

ON THE WING

Words and Music by
ADAM YOUNG

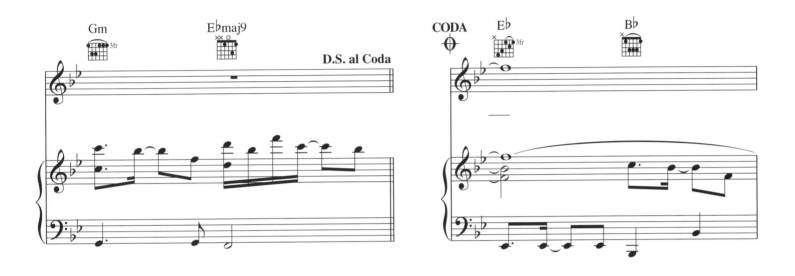

Are you there? _

FIREFLIES

Words and Music by
ADAM YOUNG

Moderately, with a groove

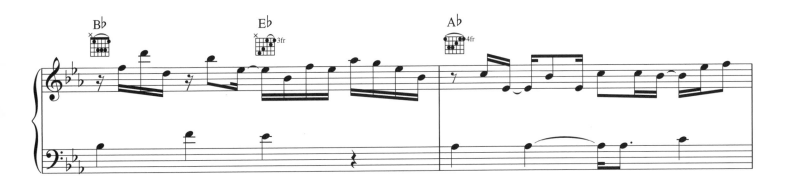

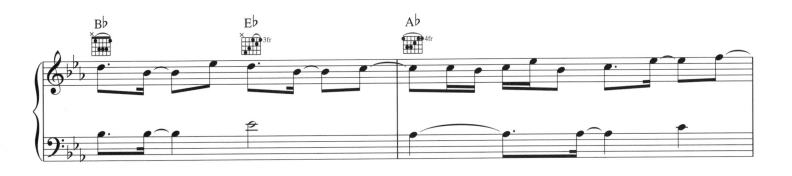

THE TIP OF THE ICEBERG

Words and Music by
ADAM YOUNG

Moderately fast

Wel - come __ back, __ win - ter, once a - gain. __

And put __ on your warm, __ fuzz - y sweat - er, 'cause you'll __ feel much bet - ter __

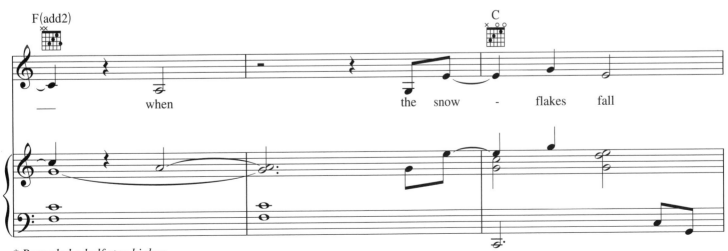

__ when the snow - flakes fall

* Recorded a half step higher.

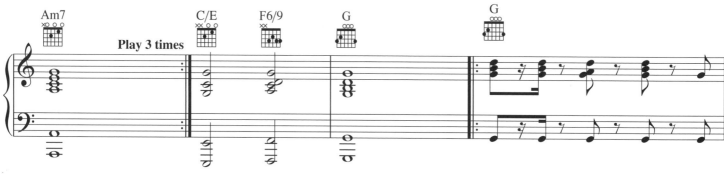

Fare - well, __ pow - der - y __ par - a - dise. __
rath - er __ skate __ on the thin - nest __ ice. __
fin - gers __ failed __ us be - fore they __ froze, __
frost - bite __ bit __ down on all our __ toes. __

VANILLA TWILIGHT

Words and Music by
ADAM YOUNG

* Recorded a half step higher.

I'll watch the night __ turn light blue, __ but it's not the same __ with-out __ you,

be-cause it takes two to whis-per qui - et - ly.

The si - lence is-n't so __ bad __ 'til I look __ at my hands and feel sad,

Oh, if my voice could reach back through the past, __ I'd whis - per in __ your ear. __

Oh, dar - ling, I wish you were here.

TIDAL WAVE

Words and Music by ADAM YOUNG
and MATT THEISSEN

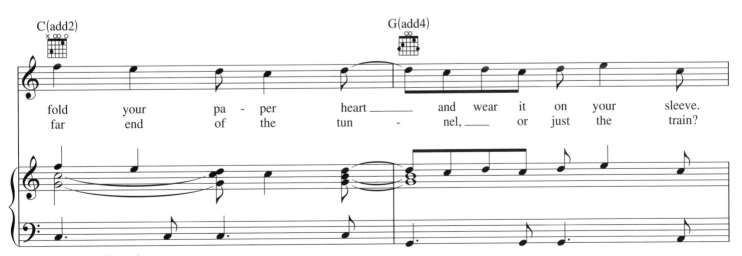

Recorded a half step lower.